首部曲

photodiary.ben｜鏡頭日記

# 旅人心語

# 目次

# Content

# 序

## Foreword

盡情自在地呼吸，讓旅行中的每一次觸動，變成永恆；
分享腳程世界裡的感動，一起學習更多生命的奧秘。

一本可以帶在身邊，放在床頭，看看風景，寫寫心情的日記；讓共鳴找尋心靈的自在，入鏡伴隨甜美的夢鄉。

在忙碌的生活中，來趟夢幻般的旅行，就在手指間，一起走歷史看地理，爬大山看大水，追尋古往今來。讓構圖裡的視野，長寬變高度，溫度成氣度。爬簡單的文字，拍隨手的影像，寫下旅行的日記，與您共享。

旅人心語，是一趟旅程，沒有目的地，也沒有行程計劃。

這一趟與您共鳴共賞的旅程，也許不到一年，或許已經好多年，每一個場景，都是曾經一起雲遊，一起觸動。

期待，這本選集，還原了那一刻的溫度，那時候的味道。

如果問，如何從鏡頭日記裡，選出這些照片和文字？
這一個問題，已縈繞在腦海裡，好幾個月了！祇知道，當旅行在空中時，往下望不見人類所規範的界限，更無限視野裡，原本的世界。

因不太會畫，所以拍下
因不太會說，所以寫下

春天的心語是味道，歌聲怒放；春 @ 頌 Songs about Spring
夏天的身語是陽光，夢見甜美；夏 @ 夢 Dreams about Summer
秋天的話語是色彩，語帶浪漫；秋 @ 語 Words about Autumn
冬天的言語是溫度，詩中意境；冬 @ 詩 Poems about Winter

旅人心語不是一本書，也沒有第一人稱，因地球不屬於您和我！任何的一扇窗，都是無限的想像，藉著鏡頭，走入了不同的時空，色彩傳達了溫度，文字添加了味道。

屬於您我的鏡頭日記，也是筆記，或許寫寫旅行的心情，也許寫下生活的心語，都是自己生命的樂章。

在旅行的時空裡交會，一起生命的對話，和自己。

若因一張照片，啟動了一趟旅行！那字也是多餘的…

若因一句話，而愛上一個人！那話也是多說的…

想走，就走吧！喜歡，就愛吧！

鏡頭先生 Ben

## | 心靈片語 |

一個交流的園地，
牽繫著您與鏡頭的心語，
連結著內心與大千世界，
從生存、生活到生命，
我們都是來地球旅行的。
天空飛行時，
看不見下方的國界，
只有心裡的界線；
冰島的時鐘裡，
白天和黑夜，
會讓太陽從同一個地方升起，
同一個地方落下。

額爾濟斯河 · 布爾津

## ｜遠山呼喚｜

遠望是山，
回首是山，
山山相連，
心心相疊，
只有心裡那座山，
才是山。

聖母峰下・喜馬拉雅山脈

仙人掌・台東長濱

## | 捻花惹草 ——雲想衣裳花想容，春風拂欄露華濃 |

四季如春的寶島，花朵伴隨在每一個有太陽的日子裡，從不缺席。
千嬌百媚四季中，老編隨手花月記。

一　月　梅花，鬱金香，油菜花
二　月　櫻花，薰衣草
三　月　木棉，桃花，杜鵑，風鈴木，海芋
四　月　紫藤花，牡丹，野百合，羊蹄甲
五　月　桐花，藍花楹，繡球花
六　月　鳳凰，相思樹，阿勃勒
七　月　荷花，向日葵
八　月　金針花，睡蓮
九　月　九重葛，野薑花
十　月　波斯菊，美人樹，欒樹，木蘭花
十一月　菊花，白千層
十二月　水仙，波斯菊

雲想衣裳花想容，春風拂欄露華濃；隨手留下每一次的相遇，
在不同的季節，刻畫那迷人的色彩和風姿。

| 生命的樂章——
結束，是另一個美麗的開始 |

把每一個日子，
都當是生命的第一天，
會充滿期待和夢想；
把每一個日子，
都當成生命的最後一天，
會特別珍惜旁邊的人。

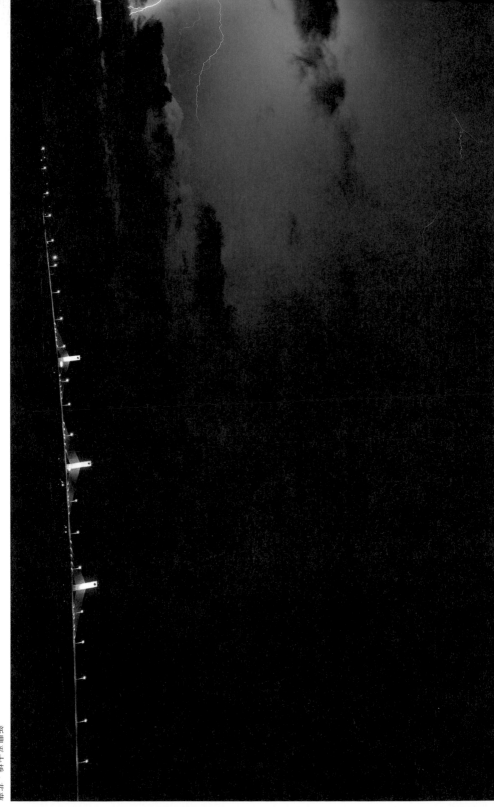

新豐平大橋・花蓮

## ｜生命交會的地方，沒有界限｜

相遇，在地球的腳落；
相惜，在光影的瞬間。
在所知的宇宙裡，
有數萬億個星系，
在地球所在的銀河系裡，
又有數千億顆恆星，
渺小的世界，
卻有無窮的生命，
讓我們珍惜感恩一切物語。
黑洞照片的公開，
再度引起人們探索生命世界的好奇，
距離地球 5,500 萬光年的外太空，
和彼鄰在地球裡的生命，
相對人類是如此地渺小。

登仙橋畔・台東東河

## | 山水天地台灣曲 |

小時候，
在山地裡長大，
與溪為伍，山相伴；
求學開始，
就在海邊，
望著世界，
仍然心繫山林。

雪山・台中

錐麓古道・花蓮太魯閣

—步道裡的天空——台灣的巴黎—

交織盤錯的台灣步道，
分佈在每座山脈上，
不管在哪一條，
那裡總是讓人看見微笑，
感到開心，
總是會遇見自己的地方。
也許，這便是這一代，
留給下一代最好的資產！
雖然，我們沒有巴黎。

｜接近上帝的部落
——司馬庫斯｜

寶島上，
東西南北不論高低，
都有許多部落聚散，
雖然文化傳承不一，
色彩美聲卻仍然永續展現；
那古老的傳說，
漸漸地祇剩下傳說，
不過土地上的故事，
卻藉著生命的延續，
正在熱情演變。

尖石・新竹

## 花東縱谷——稻田上的香格里拉

看過香格里拉，
才懂香格里拉；
走過縱谷，
才知香格里拉。
不論千年高原的梯田，
或是依山傍海的平原，
刻度都是代代留付的深度，
大，不一定就是大。
先人都是大地的藝術家，
也是理想家，
過去不等於現在，
現在會呈現未來。
期盼，
珍惜屬於自己心裡的香格里拉，
美麗花東。

池上・台東

## 百岳人生

台灣的高山，
有一股特別迷人的魅力，
五大山脈各有千秋，
不分高下；
走上稜線，
不是眺望海峽，
便是縱覽世界最大的海洋，
雲海繚繞林木蔥綠，
山巒此高彼低層層相依，
三千鼎立百岳爭鳴，
風姿百態千變萬化。
感恩上天恩賜，
盼與你我惜福。

嘉明湖路上，向陽山・台東

清水斷崖・蘇花公路

### | 看見台灣 —— 環島航行 |

美麗島 — 福爾摩沙，這是 1920 年 3 月號國家地理雜誌特別介紹的名字，也是 16 世紀起，由西方航海者稱呼的名字！而「台灣」之名，相傳是由當時島上原住民，西拉雅族的台窩灣社沿起。

在偶然的一次機會，進行台灣環島八天航行的體驗與拍攝。感恩老天爺幫忙，三位船長協助圓夢，看見台灣每一處海岸，最深刻難忘的是，夜裡躺在甲板上，仰望璀璨綺麗，雲塵星空，太平洋上的天空。

海洋，是我們護身符，也是無窮的資源，似乎我們已經習慣忘了它的存在。

| 東岸 —— 太平洋 |

這裡可以看見一望無際，
也可以讓人一忘無記…
美麗的海岸，
浪潮的身影，
緊繫著三大山脈，
伴隨生命和生態，
展現永恆。
隨緣的交會，
想追上一萬年前的浪花，
再度灑落在美麗的海岸，
找回自在。

太平洋・台東海岸

## ｜西域新疆——走過唐僧的絲路，拜訪天馬的故鄉｜

春夏秋冬天地間，大山大水望無邊；五千坎兒井，兩千絲路年，走一趟新疆，才知史地有多遠。一個人的旅行，未知的旅程，描繪每一步的印記，寄情西域，踏足天山，騎遊雲裡的花草間，躺臥天地坐擁星空，穿越無限。走過唐僧的絲路，拜訪天馬的故鄉；找尋成吉思汗的影子，來自不同地域的臉龐，探索36國萬種風情。這廣大遼闊的地方，曾經是海洋的家，曾經是恐龍的家。

追逐每一趟秋旅，都有著不同的色彩，隨著溫度跟著心情，畫面好都不相同，即使腳踩著一樣的烙痕。心靈著色的旅程，隨走大地生命轉場的軌跡，望眼四季換妝的腳步，變葉旋律的音符，體驗天幕裡的過客。冬天的生命力是白色，視野是簡單，手是冰的心是熱的；鏡頭在零下36度的考驗，留下一幀幀的照片，恰似飛鴻踏雪泥。

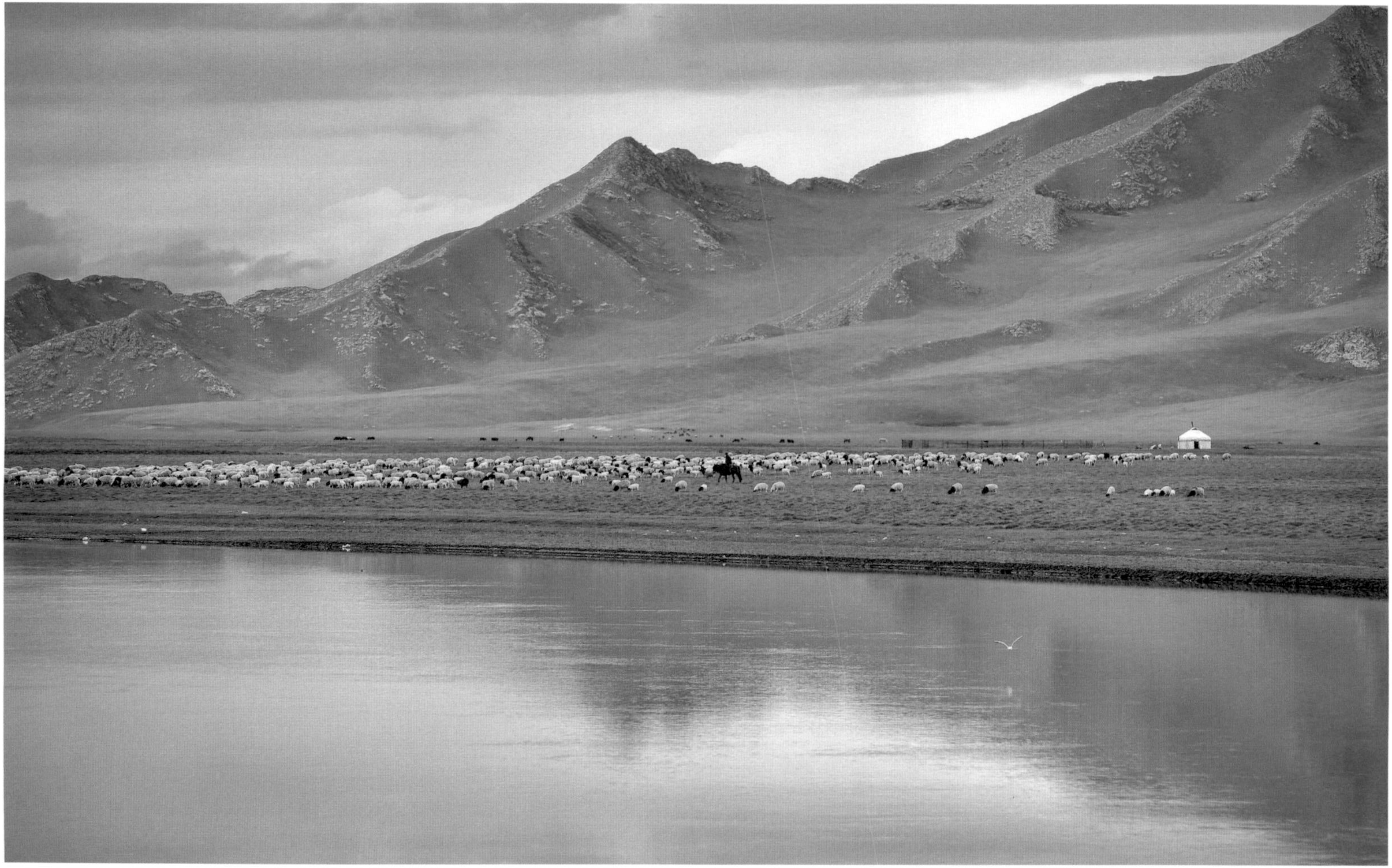

巴音布魯克大草原 · 天山

## ｜草原牧歌｜

曾經對草原的印象，
來自於《在那遙遠的地方》
歌詞裡，「我願流浪在草原，
跟她去放羊」。
後來進入了照片裡的時空，
才感受到無限寬廣的天地；
無論春夏秋冬，
最吸引的是那瀟灑自在牧羊人的身影，
和一群群無憂無慮的牧群。
在這裡，
看得見千百年來的時空縮影，
也看得見，
浩瀚無際的星空。

喀拉峻大草原・天山

｜豐富之旅，德國 ——
學習那奧妙難懂的曲線，特別在無限的音符裡｜

一個令人好奇的國度，
曾經驚慟了地球無數的生命，
卻也開創了不少人類生活的文明，
試著在每一個角落，
學習那奧妙難懂的曲線，
特別在無限的音符裡。
站在海德堡的校園裡，
想像 600 多年來，
前人留下來的智慧與學習的經驗，
生命堆疊思想熔爐過的文化內涵，
永遠留在土地上，
人們的血液裡。
眼前彷彿，
飛過了貝多芬、巴哈、莫札特、尼采、歌德、愛因斯坦 … 的身影，
一個令人好奇的國度！

海拔 2,962 公尺，楚格峰・阿爾卑斯山

| 土耳其帝國西遊記 |

歐亞交會的大地，
絲路來回兩千年，
舉足輕重地憾動著板塊的平衡；
曾經帝國世界裡的英雄，
宗教天地中的神址，
融合不同卻又相同，
在愛的動靜間。

聖索菲亞大教堂・伊斯坦堡

埃茲 Eze 山城小鎮・蔚藍海岸

## |印象法國——梵谷的印象不夠粗曠，莫內的輪廓應更浪漫|

南法的陽光，
巴黎的雨，
薰衣草的紫，
田野上的紅黃綠，
這一片神賜的大地，
只有畫家筆下，
才能描繪出淋漓盡致，
也許梵谷的印象不夠粗曠，
莫內的輪廓應更浪漫；
海岸的美妙曲線，
葡萄的酒醇鼻香，
令人深刻的教堂和皇宮城堡，
建築工藝的巧妙細膩，
和殿堂裡的時空故事；
可以在巴黎夜不眠，
莊園裡起舞派對，
遍嚐土地上的美味，
心滿意足的享受法國。

｜斯洛維尼亞——
將心留下的地方｜

有些地方，
不覺得新奇，
卻是處處充滿驚喜，
不是繁華鼎盛，
卻是親切近人，
不是古文明，
卻是很文明；
這一個大家較陌生的國度，
水龍頭裡都是最新鮮的礦泉水。

聖母升天教堂・布萊德湖

「克羅埃西亞．蜜月勝地——
細品羅馬年代的古蹟，連結王國旗徽裡的故事」

近年來，
如雷貫耳的國度，
不斷地在腦海裡重複，
優美的 16 湖國家公園，
幾乎成了這國度的代名詞；
沿著亞德里亞海，
聞著海風的味道，
串起悠久的海岸長城，
細品羅馬年代的古蹟，
連結王國旗徽裡的故事，
再度交會在類古似今的土地裡。

史特拉敦大道．杜布洛尼克

｜消失的地平線——香格里拉｜

天堂，
原來在心裡。
她不是一個地名，
也不屬於任何人，
所以叫香格里拉。

噶丹松贊林寺・迪慶

## ｜尋找天上的佛，探索西藏——神山不是山，聖湖不是湖｜

到了西藏，
才知道山不高天不遠，
上了喜馬拉雅山，
才感覺到，地球就在腳下，
見了佛光，走上了茶馬古道，
像是進了時空隧道；
轉上了 6,638 公尺神山，
不覺得空氣變少，
不覺得人情淡薄，
才發覺，
神山不是山，聖湖不是湖。

眺望神秘清晰的聖母峰，
衹看見自己的渺小；
憧憬世界屋脊的雄偉不可攀，
好奇佛的國度不可犯；
就當過客，
一張一張記錄下，
走過的腳步，不管那高度。

一個學習「簡單」的好地方，
一個感動「佛心」的好高度，
也是一個認識「天地」的極地世界。
穿梭在喜馬拉雅山脈上，
感受地球的時光隧道，
體驗不同高度的土地文化，
看見稀薄空氣裡，佛的國度；
溫度的變化豐富了視野，
高度的落差呈現了態度。
見佛轉身，遇見自己。

天上的旅人們，
生活在屋脊上，
穿梭在地球原始的景象，
最接近日月星辰的角落，
也是最靠近心中的神明，
人類衹是宇宙中的塵埃。

一個容易看見自己的地方。
可以摸天觸地，了透生死；
聖母峰就在眼前，
布達拉宮也在腳下，
喜馬拉雅山變矮了；
古格王朝遺址重現，
牛羊成了皮央石窟主角，
世間的佛依然不變；
神山一峰接一峰，
聖湖一座連一座，
這裡讓人容易頭痛，
卻也容易悟透。

聖母峰下・絨布寺，海拔 5,100 公尺

| 青藏高原 —— 探索佛界 |

踏尋佛的腳步，
隨意隨性地走訪，
穿過一個個藏區，
找尋高原上，
同樣稀薄的空氣，
但不同的味道。

阿果錯，岡底斯山脈．青藏高原

## ｜生命新印象的旅程 —— 南美｜

當踏在陌生的土地上，
耳朵聽不懂的語言時，
容易傾聽到，
自己好久好久以前的聲音，
容易看得見，
自己好久好久以前的身影。
旅行的腳步，
快慢之間，
取決於生命的感動有多深；
旅程的品味，
酸甜苦辣，
端在於文化的體驗有多少。

百內國家公園 · 智利

| 神秘的國度 —— 秘魯 |

遙遠神秘的甜蜜國度，
充滿多元的旅行元素，
生動的古文明地域，
最豐富的自然生態，
宛如回到了百年前的地球，
彷彿走進不同文化的時空裡，
值得好好深度的探索和體驗。

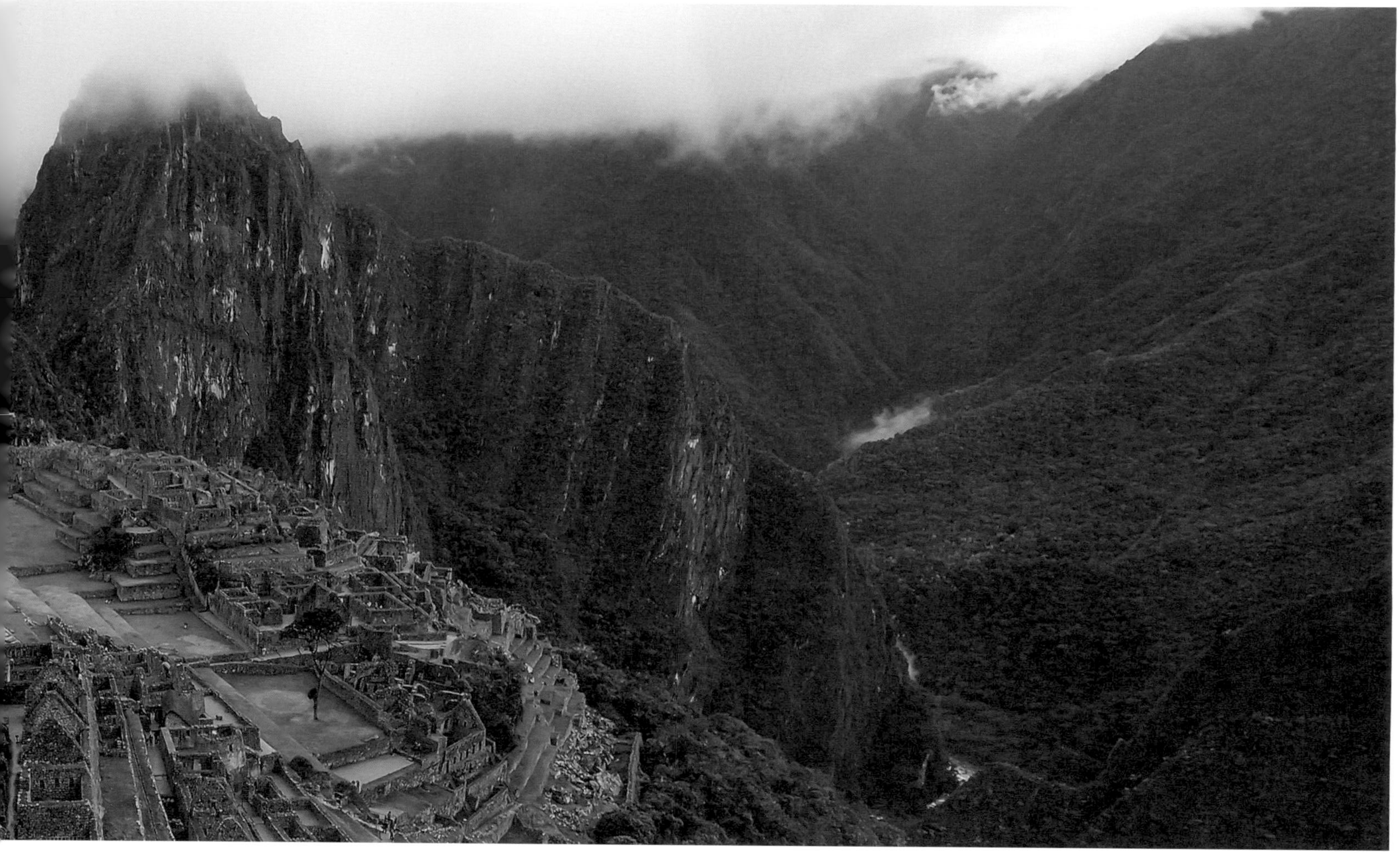

馬丘比丘遺址・瓦納比丘

山脊古道通往瓦納比丘．馬丘比丘

「失落的世界，空中之城 —— 馬丘比丘．
與它神會，感受屬於自己靈魂的悸動」

一座神秘的殿堂，座落山脈天地間，謎樣般的景象，百思難解。

百年前掀起的面紗，吸引各地朝聖般的人潮，想一探究竟，如此境界，是真是假，是古文明還是外星人的遺跡，為何成了旅人最想到訪的地方！感受屬於自己靈魂的悸動。但總會，計劃好走訪的季節月份日期和時辰，把握最美好的一刻，與祂相會。

| 太平洋的肚臍 —— 復活節島 |

世界上少有的遺跡，
令考古學家趨之若鶩，
追根究底的島嶼，
繞了太平洋五分之四圈後，
終於來到這一個充滿神秘的島嶼，
想，來一場邂逅，
不想，錯過任何一個美好的鏡頭。

太平洋的肚臍・復活節島

｜天堂國度．瑞士——

抱著好奇朝聖的心，探索這一個原本貧窮的國度｜

抱著好奇朝聖的心，
探索這一個原本貧窮，
現在是首屈一指富庶的山中國度，
卻是踏實的生活形式，
值得一步一步去探究。
就從著名的地標，
馬特洪峰開始吧！

海拔 4,478 公尺，馬特洪峰．策馬特

｜哈尼梯田——
天光地畫彩雲間，
層層朵朵續千年｜

夢裡的梯田，
冥冥中引導行程的方向，
當站上那山頭上時，
眺望的萬畝千階無限視野，
才回想起是 BBC 拍攝的影片，
帶著我找到歷史中地理的記憶。
看的是那水影下，
鬼斧神工的雕塑藝術，
相映的是天地間，
代代謙卑傳承的精神。

哈尼梯田 · 雲南

空中稻田・天子山

## | 張家界 —— 夢裡的阿凡達，錯過了雨霧，卻想羽化成仙 |

天造地設的空靈境地，
聯結外星幻象，
錯過了雨霧，
卻想羽化成仙。
奇妙空幻的境界，
舉世無雙的奇峰，
矗立大地之上，
飄浮在阿凡達的異域裡。
雖然沒能遇上煙雨霧濛，
也非冬雪白點飛舞，
還是想遇見，
夢裡的…張家界。

| 絲路 —— 從洛陽到伊斯坦堡 |

決定從絲路開始，
做為探索世界的起點；
兩千年的足跡，
刻劃了一條人類的長城，
也是神的道路，
在不同的年表裡，
穿上不同的外衣，
述說不同的言語，
不斷上演文化大戲。
從洛陽到伊斯坦堡！

交河故城・吐鲁番

## ｜北國鶴遇 —— 鳥語雪境｜

丹頂鶴，
一向被視為長壽．
堅貞和吉祥的象徵；
「清音迎曉月，
愁思立寒蒲，
丹頂西施頰，
霜毛四皓須。」
來自杜牧詩，
日本千元紙幣和日本航空，
都以丹頂鶴做為圖案設計代表。
千姿百態，
尤以情愫互動，
一家親情，
從天到地，
觀察記錄。

鶴居村 · 北海道

## ｜冰島奇緣｜

曾經是一個熟悉又陌生的名字，
迫不及待想體驗，
成為永晝白日夢裡的冒險王，
走在閃耀極光下的冰原探索，
沈醉於冰與火交響的旋律中；
伴隨一座座的瀑布奇景，
踏尋遍地的自然奇花，
藍色溫泉的浪漫黃昏，
如夢似幻的陰陽世界，
不可思議的生命奇觀，
就在緊鄰極地的角落裡。

蒂芬尼藍瀑布 · Bruarfoss Waterfall

夕落晚歸，邂逅賽里木湖

## 邂逅賽里木湖——一根釣竿，成吉思汗的世界

這一天趕了 500 公里路，
準備拍落日，
一位年輕哈薩克牧羊人靠近，
帶著姊姊的小女兒，
問我：要不要騎馬？
我回應他：您們可以找我的同伴們拍拍照！

一會兒，
他又回來告訴我：
他們都在忙著拍夕陽！
這回仔細地看他一眼，
和馬背上純真的小女孩。
我說：如果您可以到湖邊走騎幾趟，
給您騎馬一樣的錢。

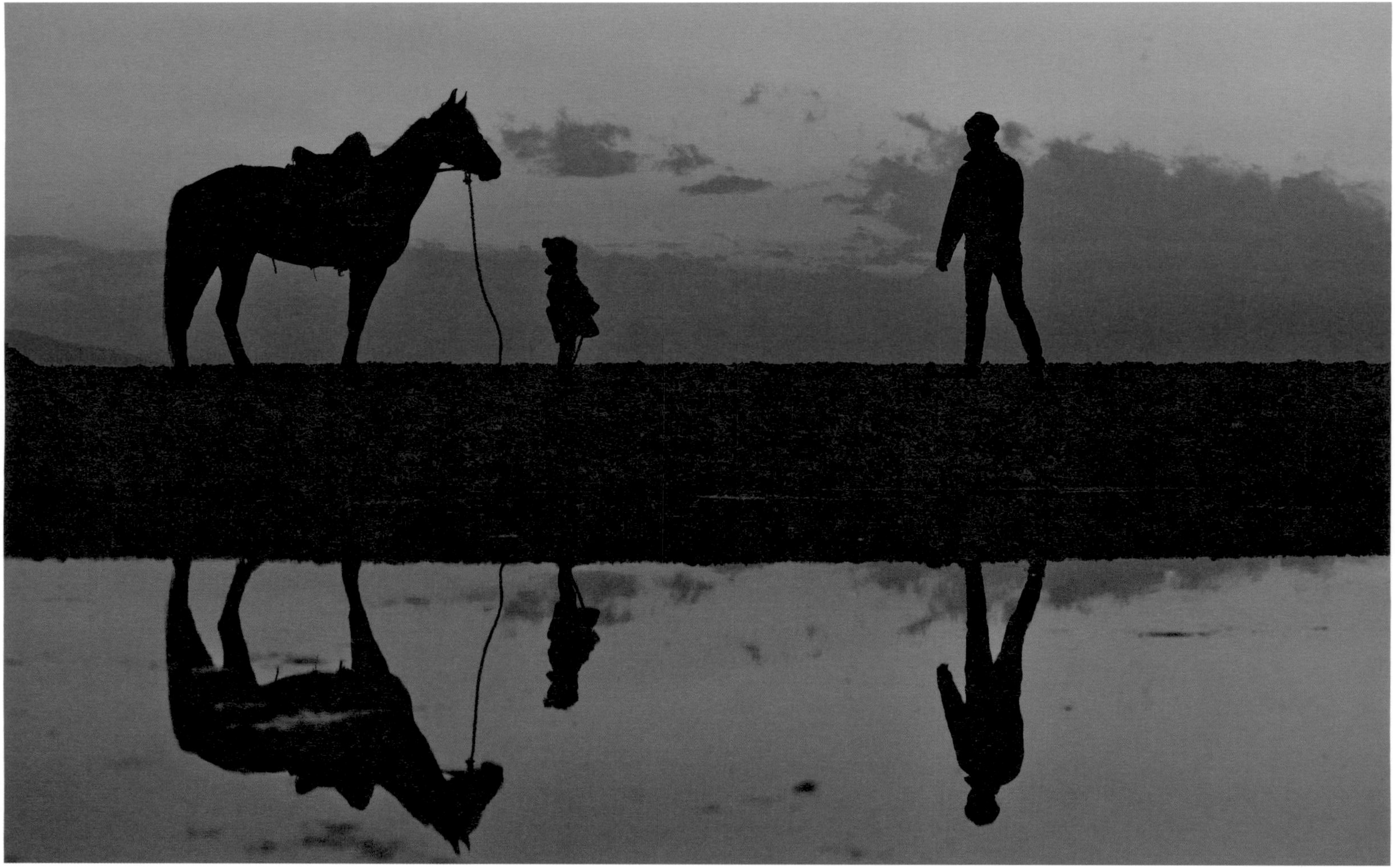

湖畔對話，有一天您會長大。賽里木湖

走在夕陽下，作夥晚歸！賽里木湖

心想這一刻，
應該不會有人想騎馬，
何況這湖區角落上，
也沒有其他的遊客了！
倒影前方，
僅一百多公尺湖畔，
他一邊使力地跑馬，
一邊照顧著小女孩，
順便還把旁邊的牛兒，
也拉上一把！

結束時，
我把主動多給的費用放在他手裡，
再從相機包裡，
拿出一包餅干，
遞給了小女孩。
離開時，
跟他要了微信的聯絡，
說會傳照片給他。
也告訴他，
以後拿照片給遊客們看，
照樣做！
臨去時，
拍攝下隨行的同伴和他們，
在夕陽下，
美麗的身影。

溝通是信任的基礎，默契是永遠的伴侶。賽里木湖

這裡，可以許願：想同時看見三道彩虹！賽里木湖

## | 賽里木湖 —— 人間天堂，成吉思汗的美麗與哀愁 |

宛如人間天堂的賽里木湖，在西元 1219 年，卻是成吉思汗西征歐洲，點將檢閱的地方，座落天山山脈北線，海拔 2,073 公尺，90 公里長的湖岸，草豐水盛四面環山，湖水晶瑩剔透。因暖溼氣流來自，也稱「大西洋最後一顆眼淚 」，更是絲綢之路北線必經要道，湖名語意「祝願絲綢之路行人平安」。

這一天，湖畔的邂逅，短短的 15 分鐘，拍攝了 80 張難忘的照片，成了牧羊人和小女孩，人生精彩的留念。

快慢之間，在於心靈的契合。賽里木湖

# Songs about Spring

春天的心語是味道・歌聲怒放：春 @ 頌

# Songs about Spring

春天的心語是味道，歌聲怒放：春@頌

# Songs about Spring

春天的心語是味道，歌聲怒放；春@頌

# Songs about Spring

春天的心語是味道，歌聲怒放；春 @ 頌

轉山，到了最高點，
海拔 5,720 公尺，
已是冰雪凍結寸步難行，
朝聖的藏民仍然平速前進，
空氣已變得更稀薄；
幸好昏沈之間，
準備下山。

| 岡仁波齊 · 西藏 |

西藏的母親河，
世界上海拔最高的大河之一，
平均高度在 4000 公尺以上，
河畔兩側四季分明，
秀麗美景如詩如畫。

| 雅魯藏布江 |

騎過

｜喜馬拉雅山｜

山不轉路轉，
路不轉人轉，
原來心隨境轉。

｜天山｜

走在天涯

｜天山｜

高度不設限，
不論兩腳或四腳，
相會的一刻，
心裡的溫度都是一樣的。

—天山—

天地間的轉場，
看不見寬度。

—天山—

旅途，
帶著探索學習的心情出發。

| 世界屋脊 |

旅行時，
記錄的是那一刻，
心裡的溫度，
不是色彩的飽和度。

| 天山 |

走唄！
雲端裡的旅行…

美麗的牧羊女，
馬上英姿身手俐落，
來回羊群中。

| 天山 |

回家路上，
賽里木湖。

| 北疆 |

森林、梯田、山寨、水源；
彼此共生，
老祖先的智慧，
雙手刻畫了大地，
一階一階地傳承，
3000 個梯階，
形成了生命的方圓。

| 元陽梯田・雲南 |

天光地畫哈尼田，
層層朵朵續千年。

| 雲南 |

看過夕陽的各種顏色，
喜歡呈現綠色的光，
第一次看到紫色的晚霞。

| 雲南元陽 |

旅行際遇，
因人而異，
天光地影，
留下截然不同的印象，
在伊斯坦堡的清晨。

｜土耳其｜

藍色的海，
悸動的心。

｜清水斷崖｜

天籟的旋律，
靜悄悄地溜過，
捨不得驚動了畫面，
在天崖。

| 西藏 |

轉山，
這裡是許多人世界的中心，
也是藏民的最高神殿，
從海拔 4,600 公尺冰點起步，
往上爬行至 5,720 公尺的高點，
岡仁波齊神山。

| 西藏 |

旅行的腳步，
走到最高點，
看見的不是山，
只是天地。

｜喜馬拉雅山｜

走上高點，
會有最好的視野，
也隨時會有冰雹。

｜天山｜

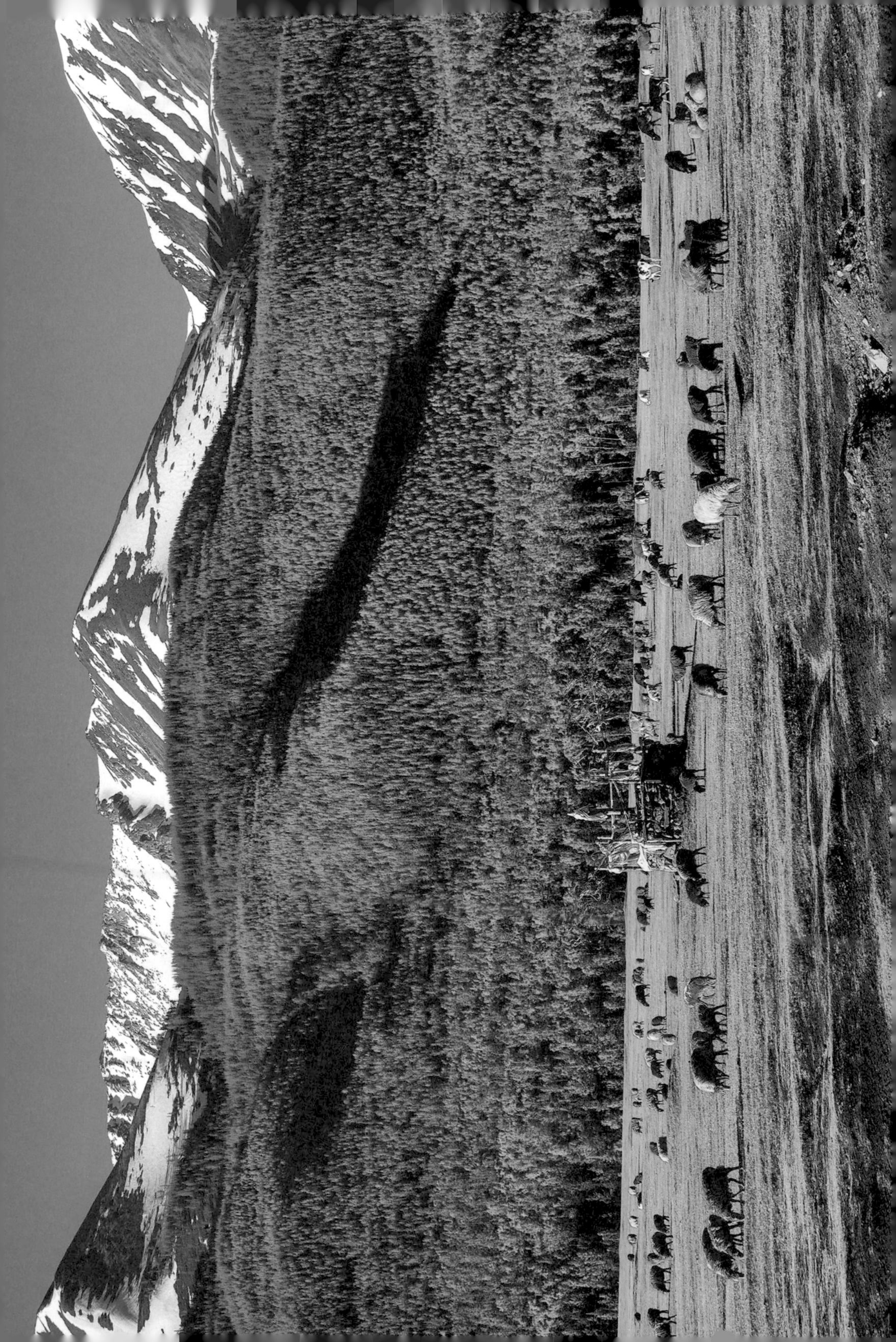

窗外匆匆閃過的畫面，
勾畫一幅歷史的場景，
挑動無數生命的音符。

－北疆－

每一次的相會，
都是偶然，
也無法夢迴、
祇有看見天地的寬度，
才容易醒悟到生命的態度。

－喀納斯・北疆－

在離海最遠的地方，
即使柔美的光影，
都能讓人刻骨銘心，
難以忘記。

| 塔城 |

在這裡數羊，
不容易睡著！
大地生命的旋律，
隨著四季的運轉，
看見喜悅。

| 巴音布魯克 · 天山 |

天地山河，
逐草根生。

｜巴音布魯克・天山｜

高樓是城市裡的天空，
草原是內心裡的鏡子。
在兩萬多平方公里的生態保護區裡，
深入探索，
品味草原生活，
舔聞歷史時空，
看那無限天地。

｜巴音布魯克・天山｜

走吧！
咱們一起去旅行，
生命的精彩，
不在於長短，
就在追逐夢想的勇氣，
和過程中的學習。

| 天山 |

牧放天地藍綠寬，
山水成畫草自在，
奔馳縱谷間，
灑脱天山上。

雲端的旅行，
走在天際線上，
跟著日出，
隨著日落。

| 天山 |

一望無際的魯冰花，
紅白相間的小教堂，
在不知名的路上！

| 冰島 |

色彩溫度裡的味道，
再度觸動心裡的記憶；
美麗的感動，
不會忘記，
即使沒有帶走它。

| 冰島 |

# Dreams about Summer

夏天的身語是陽光・夢見甜美：夏@夢

# Dreams about Summer

夏天的身語是陽光，夢見甜美；夏@夢

# Dreams about Summer

夏天的身體是陽光，夢見甜美；夏@夢

# Dreams about Summer

夏天的身語是陽光，夢見甜美；夏 @ 夢

日出，
台東。

| 太平洋 |

辛苦了，
也要給自己一杯噢！
太平洋航行裡…
我們都是那艘向前進的船！

花若盛開，
蝴蝶自來。

| 花蓮 |

蝶戀花，
相見歡。

｜夢見莫內・台東都歷｜

世界上最受歡迎的鳥類之一，
海鸚 Puffins；
可潛入海裡 60 米深處捕食小魚，
卡通造型的嘴巴可容納數十條小魚，
翅膀振動每分鐘可達 400 次，
游刃有餘地掌握起降的姿態，
習慣地從懸崖邊上，
直接飛進飛出約 1~2 米深的穴洞裡，
有如蝙蝠俠。

｜冰島｜

麥田裡的紅花，
勾起滿滿梵谷的印象，
在南法大地上，
盡是畫裡的故事。

| 聖米歇爾・法國 |

飛吧！
隨著風，
跟著心…
看見更渺小，
心胸更大。

｜卡帕多奇亞・土耳其｜

走在法國，
處處可見歷史遺跡，
記不得所有的刻度，
索性找棵老樹，
幫忙記憶吧！

| 加爾水道橋 · 普羅旺斯 |

科隆大教堂旁的鐵橋上，
沿著進入車站鐵道的柵欄，
短短的 500 公尺，
掛滿了各式各樣數不清的情人鎖，
上頭留下千奇百怪的圖案和文字，
相信鎖匠得費勁心思設計出不同造型，
留下幸福。

| 德國 |

黑白，外遇

| 巴登巴登・德國 |

晶瑩剔透的翡翠明珠，
藏身阿爾卑斯山脈裡，
留下地球美麗的典範；
國王湖的美，
阿爾卑斯山的麗，
八百年的老教堂，
天然渾成的一幅畫。

| 德國 |

超喜歡這裡的大畫布，
掛在花東的太平洋上。

｜台東都歷｜

遊子的天空，
等待降落在家的懷抱裡。
淡海上空！

｜大屯山・台北｜

翻越天山最高的隧道後，
在唐僧玄奘西行取經的路上，
遇見傳說中的龍池，
不見龍影卻見天鵝，
和翡翠玉般的樹影。

| 天山 |

有些鏡頭，
會讓人說不出話，
因為找不到形容詞。

| 帕米爾高原 |

接近五千公尺海拔處，
相遇帕米爾冰川，
細賞風雲變化。

| 崑崙山脈 |

蒼穹之境，

空喜自在。

不知照片中的主角，從哪裡來的，

因為開了一天車，

都沒看見人影，

海拔 4,500 公尺，

岡底斯山脈。

| 西藏 |

沒有鏡頭可以放的下，
視野裡無限寬廣的曲線，
祇能在心裡畫下，
屬於自己的界限。
我的名字，叫西藏。

| 世界屋脊 |

祇有抵達盡頭的一刻，
才容易了解，
沒有盡頭。

| 西藏 |

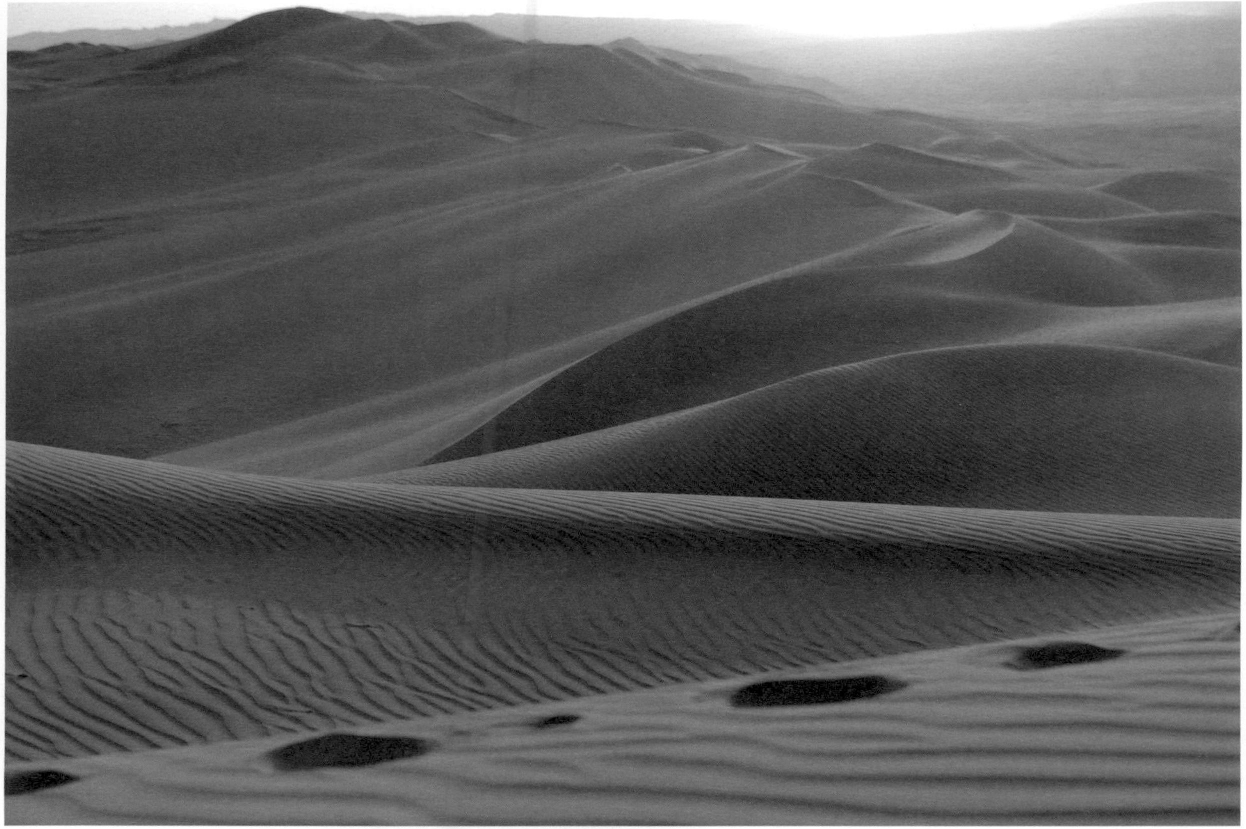

駐足，絲路

| 庫木塔格・鄯善 |

壯遊絲路，
西域傳奇。
曾經有一個夢想，
和一群好朋友，
在塔克拉瑪干死亡沙漠上，
拍一張大合照。

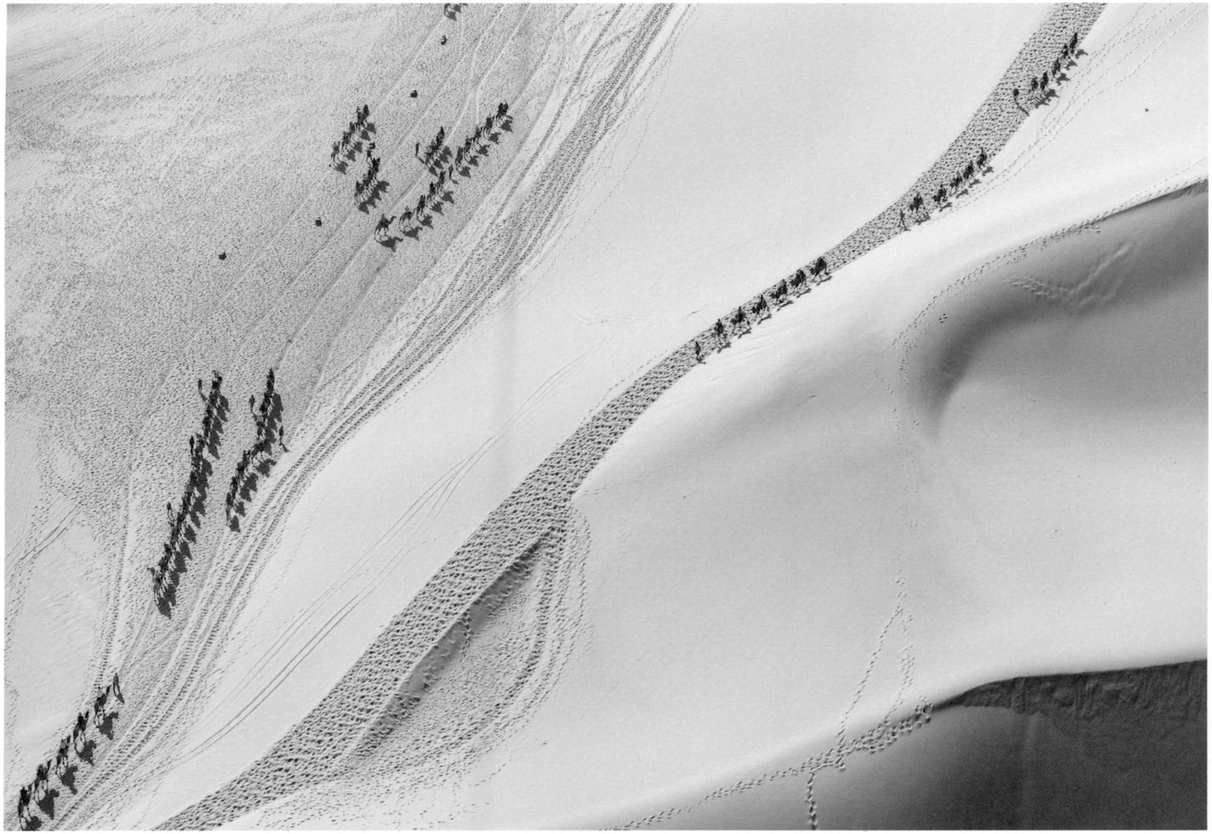

絲路傳奇，
記錄西行。

| 鳴沙山 · 敦煌 |

祇有那些瘋狂到，
以為自己可以改變世界的人，
才能改變這個世界。
史蒂夫 · 賈伯斯

| 北疆 |

照片剛寄出，
也許小女孩長大時，
會更記得回家的路。

| 賽里木湖畔 |

在沒有樹木的高山上，
色彩存在心裡。

| 帕米爾高原 |

奇妙世界，
異想天開，
頂天立地，
一柱擎天。

| 卡帕多奇亞・土耳其 |

捨得之間，
懂得放下。

| 達瑪巒・南投 |

小女孩臉上滿足的喜悅，
來自撿拾的一片片落葉，
此刻遊客正在王宮裡，
欣賞著珍奇寶貝。

| 伊斯坦堡・土耳其 |

盼您早歸

| 蘭嶼 |

踏上蜿蜒在全島的步道上，
會想像這裡是台灣的巴黎，
每一段視野，
都是美麗的櫥窗，
每一塊石階，
都是伸展台上亮麗的風采！
每一個季節，
都是最新流行的自然風光！

| 桃源谷．貢寮 / 頭城 |

台北侏羅紀公園

| 桃源谷 |

海岸山脈特殊的風情，
傳遞著太平洋的滋味，
不論晴雨，
總是甘甜。

| 赤柯山・花蓮 |

# Words about Autumn

秋天的話語是色彩，語帶浪漫：秋＠語

# Words about Autumn

秋天的話語是色彩，語帶浪漫：秋＠語

# Words about Autumn

秋天的話話是色彩，話帶浪漫；秋@話

# Words about Autumn

秋天的話語是色彩，語帶浪漫；秋 @ 語

看見另一個布達拉宮，
就像是自己的另一個世界。

｜西藏｜

婆娑世界，
舞動西藏。

有些旅行裡的味道，
始終帶不走，
也不容易記得，
祇有再去走一走。

｜喜馬拉雅山｜

歸途

｜塔城．北疆｜

轉彎處，

會有不一樣的風景。

｜西藏｜

偶而會有一種錯覺，
看見景象仍然在移動，
時間卻是暫停了。

| 西藏 |

有一種風情，
隱藏在天湖畔，
柔情細語在水一方。

︱羊卓雍錯・西藏︱

旅途行經之處，
最美的光影，
都在心裡。

| 賈登裕・北疆 |

一個人的旅行，
會留下所有的光彩。

| 布爾津・北疆 |

無盡的言語，
瀰漫在無限的色彩裡，
穿透在明淨的河床上，
天地的對話，
不停地，
閃爍眼簾迴盪耳際。
秋天的腳步，
帶來一切的柔和，
迷人的月亮灣，
等待雪融花開時，
看那春水蕩漾的千嬌百媚，
迷人曲線下的萬種風情。

| 喀納斯．北疆 |

布達拉宮廣場旁，
覓尋池中宮殿的倒影，
天地不分，
生命同根。

| 拉薩 · 西藏 |

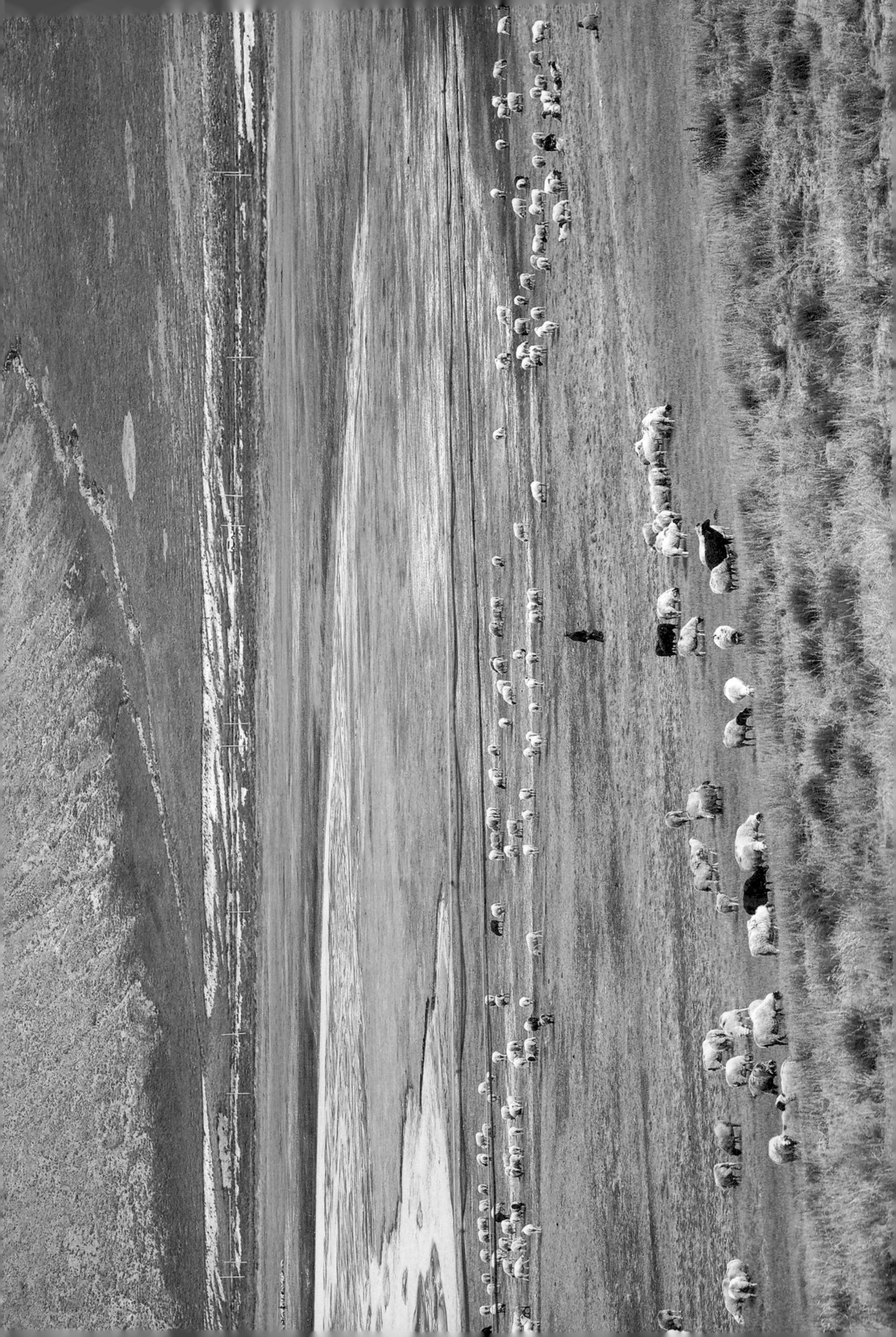

湖畔影畫，
羊卓雍錯。

｜西藏｜

季節的變遷，
新的旅程，
隨著氣候草原而轉場，
羊兒似乎帶著喜悅，
邁開步伐。

｜北疆｜

脖子伸的高，
夕陽依舊落下，
原來擺的是 pose，
個個展現最佳的姿態，
搶下彩光下美麗的依歸。

| 香格里拉 · 雲南 |

曙光乍現，
松贊林寺的喇嘛，
還未打開大門，
寺前的湖裡，
已聽見野鴨的滑水聲，
炊烟也裊裊升起。

| 松贊林寺 · 雲南 |

一清早，
藏民婦人與兒子，
還有犛牛一起下田，
後方是有 300 年歷史的松贊林寺；
休息時刻，
和她聊天，
幫她拍攝，
總是露出牙齒，
開懷地笑。

| 松贊林寺 · 香格里拉 |

色彩帶來屋脊上的言語，
祝福印在心中。

| 西藏 |

拾穗

| 西藏 |

日出夢幻般的湖光，
搶走了遠處八千公尺雪峰高度的風采，
留下心中無限的漣漪；
原始的屋脊，
散發聖潔無比的光芒，
洗滌天地。

| 西藏 |

悠閒的午後，
走在圖瓦人村子裡，
隨處可見馬的行影，
穿梭在草地林野間，
會讓人不想去看錶；
旅行的感動，
不會存在腦海裡，
會在心裡。

| 禾木村・喀納斯 |

剛剛騎馬過溪時，
還黑黑的一片，
回頭望見山頭的晨光，
已經照射在村子裡的每個角落了。

｜禾木村｜

詩意的早晨，
馬兒停在小溪裡，
有意讓我見到水裡的秋影；
石頭下的畫布，
描繪了白樺轉場的腳步。

| 禾木村 · 北疆 |

旅行時，
時光隧道的幻覺，
容易思如泉湧，
尋古望今；
早晨，
在海拔 4,700 公尺的地方，
走進一戶藏族人家的廚房，
炊煙正起。

| 喜馬拉雅山 · 西藏 |

心隨境轉，
境由心生，
心境合一，
海拔 4,441 公尺。

| 羊卓雍措 · 西藏 |

穿過彩繪下的村落，
鼻子裡滿是炊煙的味道。

| 白哈巴．喀納斯 |

這一個早晨，
交了許多新朋友，
就在荒野世界裡。

| 禾木村 · 新疆 |

抬頭，
又見秋天。

| 克羅埃西亞 |

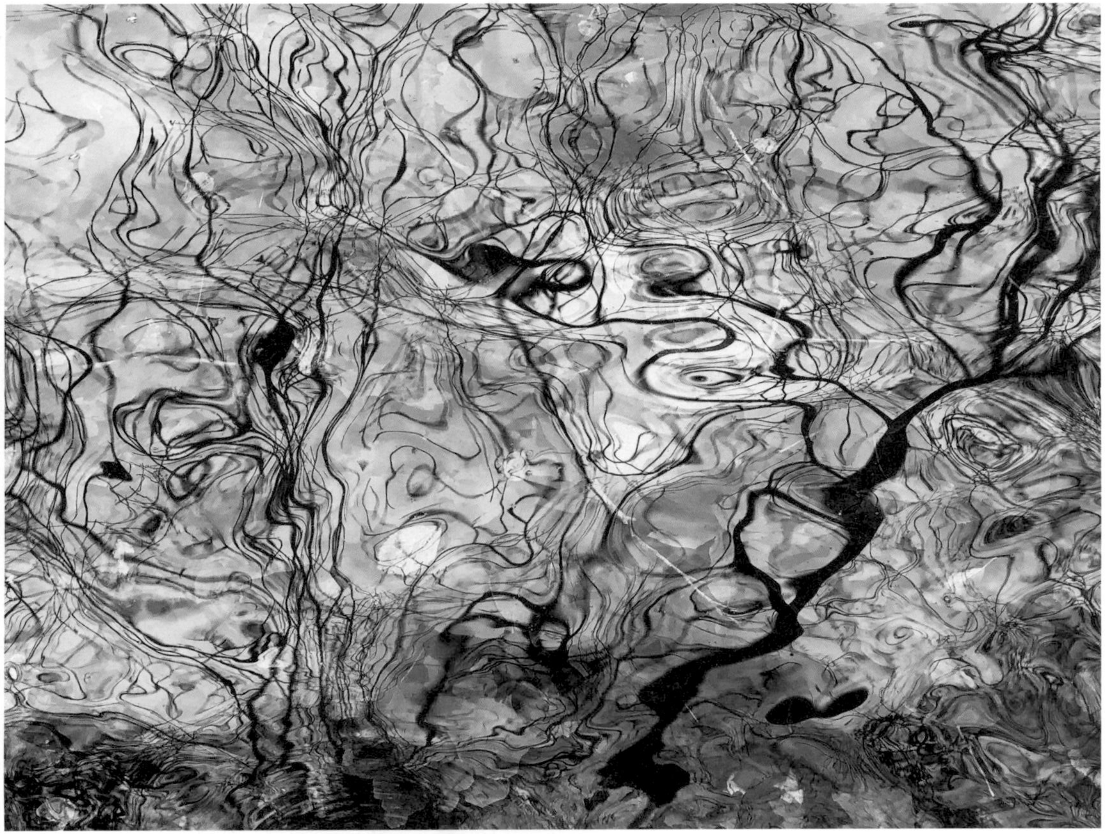

浮華世界一場空，
夢裡虛幻天馬風。

| 16 湖 · 克羅埃西亞 |

心靈交會的一刻，
讓充滿土地生命的當下，
感受曾經歷史的靈魂。

| 布萊德湖 · 斯洛維尼亞 |

溫暖的陽光，
寒冷的季節，
更顯珍貴。

| 司馬庫斯 · 新竹 |

炊烟隨著雞鳴，
點亮了寧靜暗夜裡的村色，
曙光此時撥開了晨霧，
又是熱鬧的一天。

| 禾木村 · 新疆 |

落幕的一刻，
聽見更多自己的聲音。

｜額爾濟斯河・北疆｜

# Poems about Winter

冬天的言語是溫度・詩中意境：冬の詩

# Poems about Winter

冬天的言語是溫度，詩中意境：冬 @ 詩

# Poems about Winter

冬天的言語是溫度．詩中意境：冬 @ 詩

# Poems about Winter

冬天的言語是溫度，詩中意境；冬 @ 詩

風車的故鄉，
夢幻騎士的戰場。

| 唐吉訶德・西班牙 |

充滿黃金味道的城市，
曾經是世界的金庫，
有說不完的黃金故事。

| 塞維亞．西班牙 |

觀音向天，
福佑大地。

| 觀音山．台北 |

喜歡路過的精彩，
即使剎那。

| 木瓜溪出海口 · 花蓮 |

每一個落日，
都是翻頁，
每一個日出，
又是新頁。

| 隙頂 · 嘉義 |

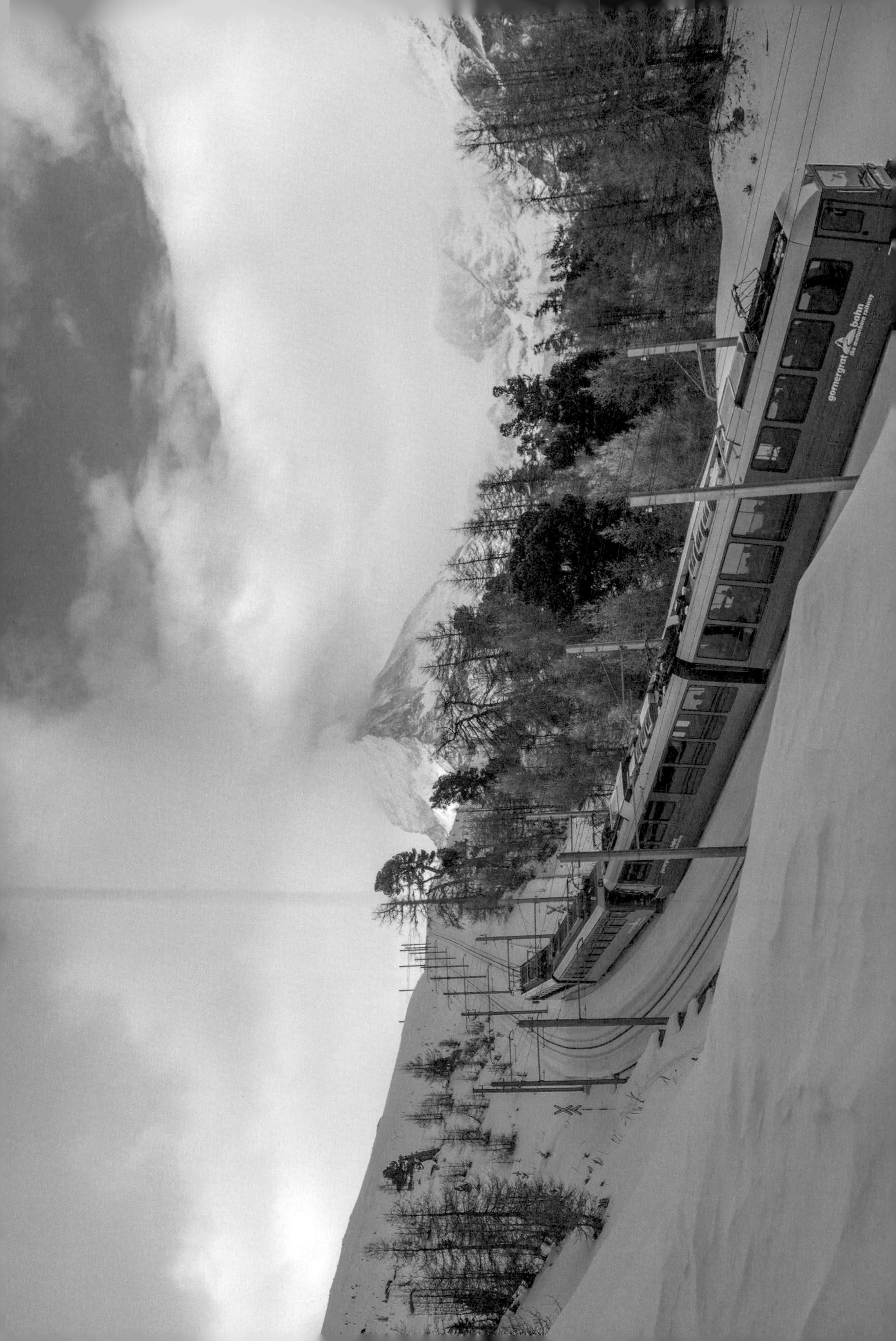
gornergrat bahn
the matterhorn railway

著名的巧克力山峰，
隨著醉人的鐵道曲線，
忽隱忽現，
雲端裡的夢幻旅程。

｜馬特洪峰・瑞士｜

雪花飄落日日塵，
萬象更新待春來。

｜冰河列車上・瑞士｜

撲朔迷離的梅里雪山，
失蹤成謎的登山隊伍，
莫測高深的神山冰川，
眺望出神入化的哈達雲，
祇有臣服，
沒有征服。

| 德欽 · 雲南 |

熱血到了最高點，
單車騎士一路巔坡而上，
這時海拔已達五千公尺了。

| 聖母峰的路上 |

轉山之際，
天地動容。

| 岡仁波齊神山．西藏 |

清晨，
車子穿過雪地裡的葡萄園，
眼簾飄過窗外浮現的朝陽，
恰似一輪明月。

| 吐魯番 |

旅途上的巧遇，
就像落葉樹上的節點，
摸不著看不清，
只有在遠處看，
才見美麗的輪廓，
才懂得珍惜緣份。

| 木壘・北疆 |

想抓住冬天的尾巴，
卻無法等待，
祇願把握當下的自在。

| 苑裡・苗栗 |

尾隨著羊群，
通過牧民豎立的瑪尼堆，
羊兒一路不放過已乾枯的草甸，
埋頭當下。

| 將軍戈壁．北疆 |

冰雪封路，
狹道相逢，
又見新年。

| 喀納斯 · 北疆 |

零下 36 度的體驗，
成吉思汗的白色世界，
炊煙從薑餅屋上，
裊裊升起。

| 禾木村 · 北疆 |

全家返巢，
歸心似箭。

| 鶴居村 · 北海道 |

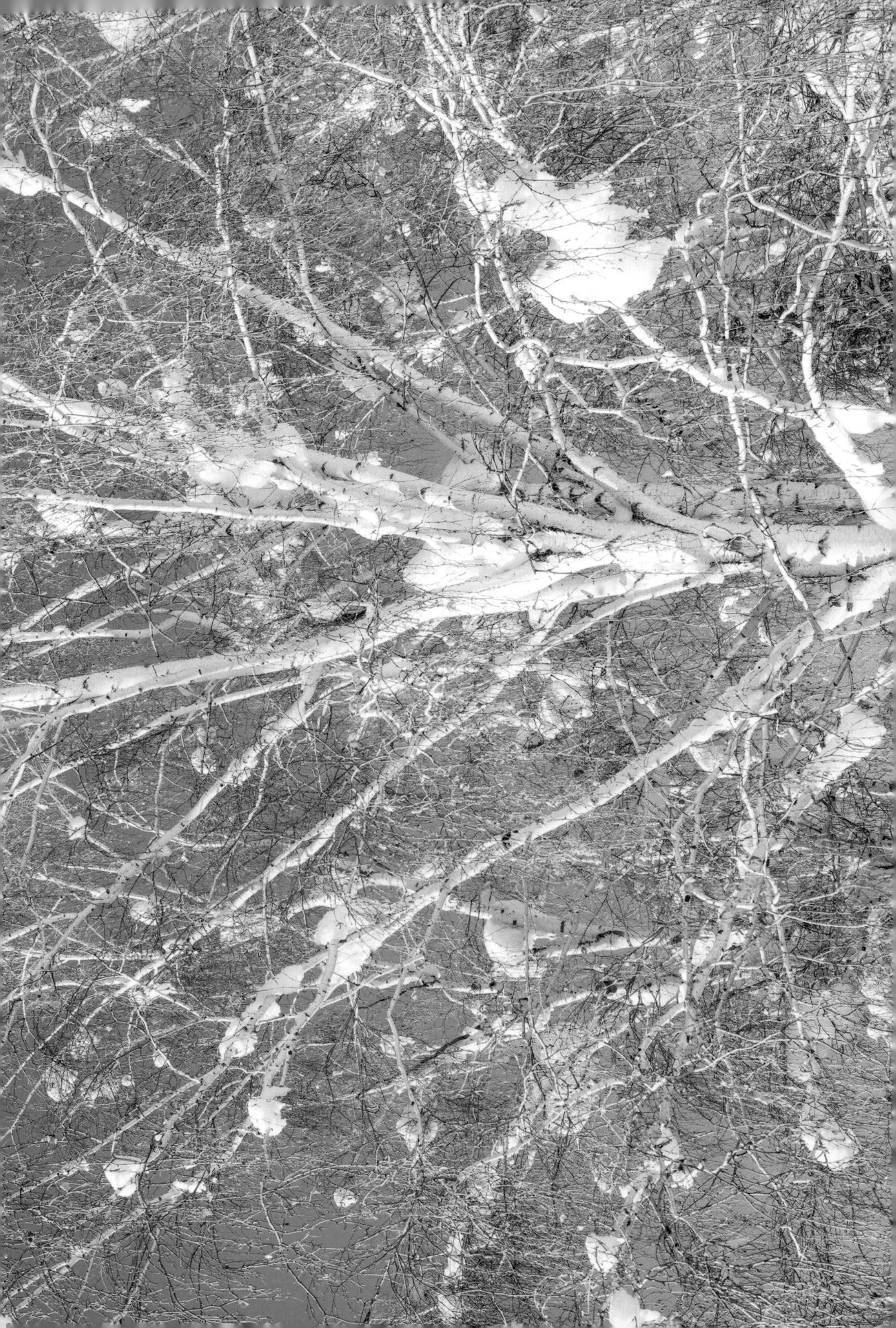

冰雪奇緣裡的真實世界，
美麗白樺換上冬裝打扮。

｜禾木村・北疆｜

走在積雪過膝的神仙灣上，
留下一個個白色的冰洞，
此刻耳際不斷地響起，
一首動人的歌…
雪花。

｜喀納斯・北疆｜

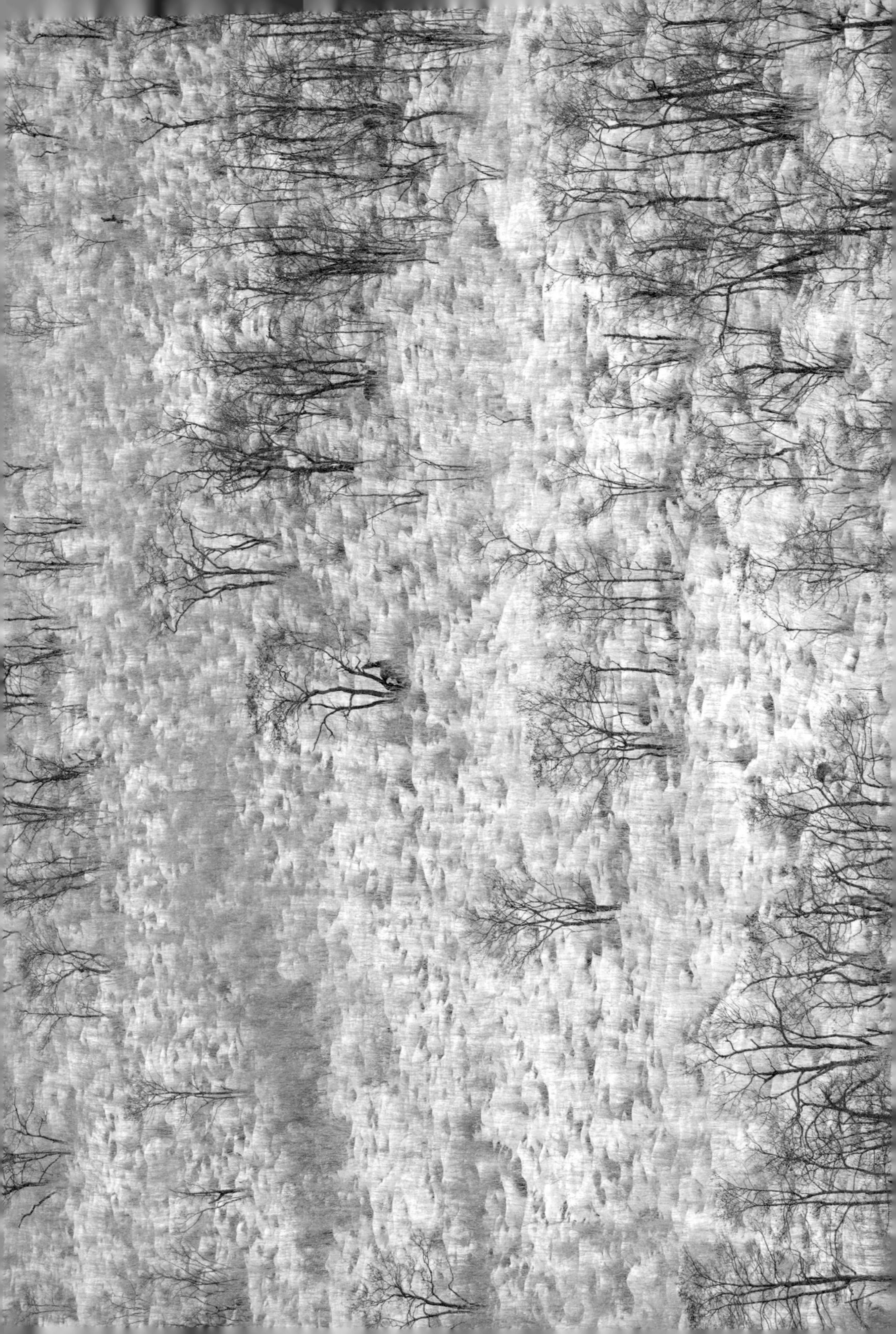

數一數，
您看見了，
幾隻鹿？

| 釧路濕原・北海道 |

時間凝結的一刻，
冰凍中的額爾濟斯河。

| 可可托海・新疆 |

冰冷的沙漠上，
等待白色世界裡的光輝，
充滿希望。

｜庫木塔格沙漠．吐魯番盆地｜

雪花戀曲，
北國冬天。

｜喀納斯｜

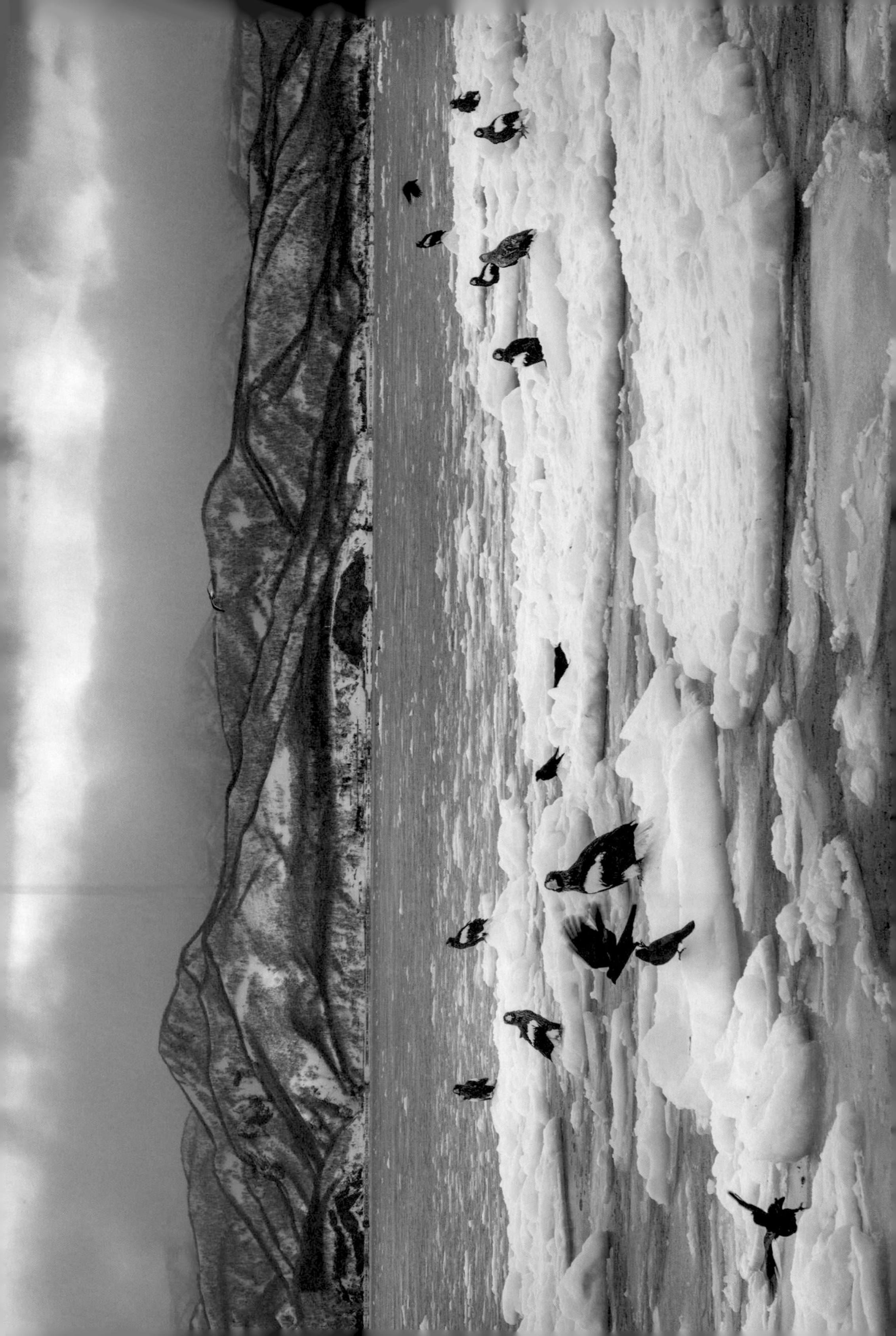

浮冰之上，
各有屬於自己的一片天地。

︱知床半島・北海道︱

如果因為，
錯過太陽而流淚，
可能也會錯過群星，
泰戈爾——

︱根寶海峽・北海道︱

力與美，
高手過招，
見招拆招，
虛實之間，
頭腳並用，
羽翼全開。

| 虎頭海雕・根寶海峽 |

在天比翼，
在地連理。

| 丹頂鶴・北海道 |

探戈舞曲，
掌聲響起。

| 丹頂鶴 · 北海道 |

霧淞暖溪，
雪鶴雙棲。

| 丹頂鶴 · 北海道 |

天地詩畫，
冬雪旅人。
—禾木村・北疆—

擁抱世界，
滿天星空。
—幸福極光・冰島—

夢裡梯田映彩天，
雲海飄散處處仙，
獨缺牛兒笠翁見，
盼望春天降人間。

| 哈尼梯田 |

Solo Traveler

一個人的旅行

Solo Traveler

一個人的旅行

Solo Traveler

一個人的旅行

# Solo Traveler

# 一個人的旅行

一個人的旅行，
單程的機票，
未知的旅程，
描繪每一步的印記；
在四季裡，
最美好的一天，
出發！

庫魯斯台草原．中亞大地

一個人的旅行，
開啟了時空變化的竅門，
滿足了旅行攝影的夢想；
從此見，
小徑花草，
大山大水，
皆抱感恩之心。

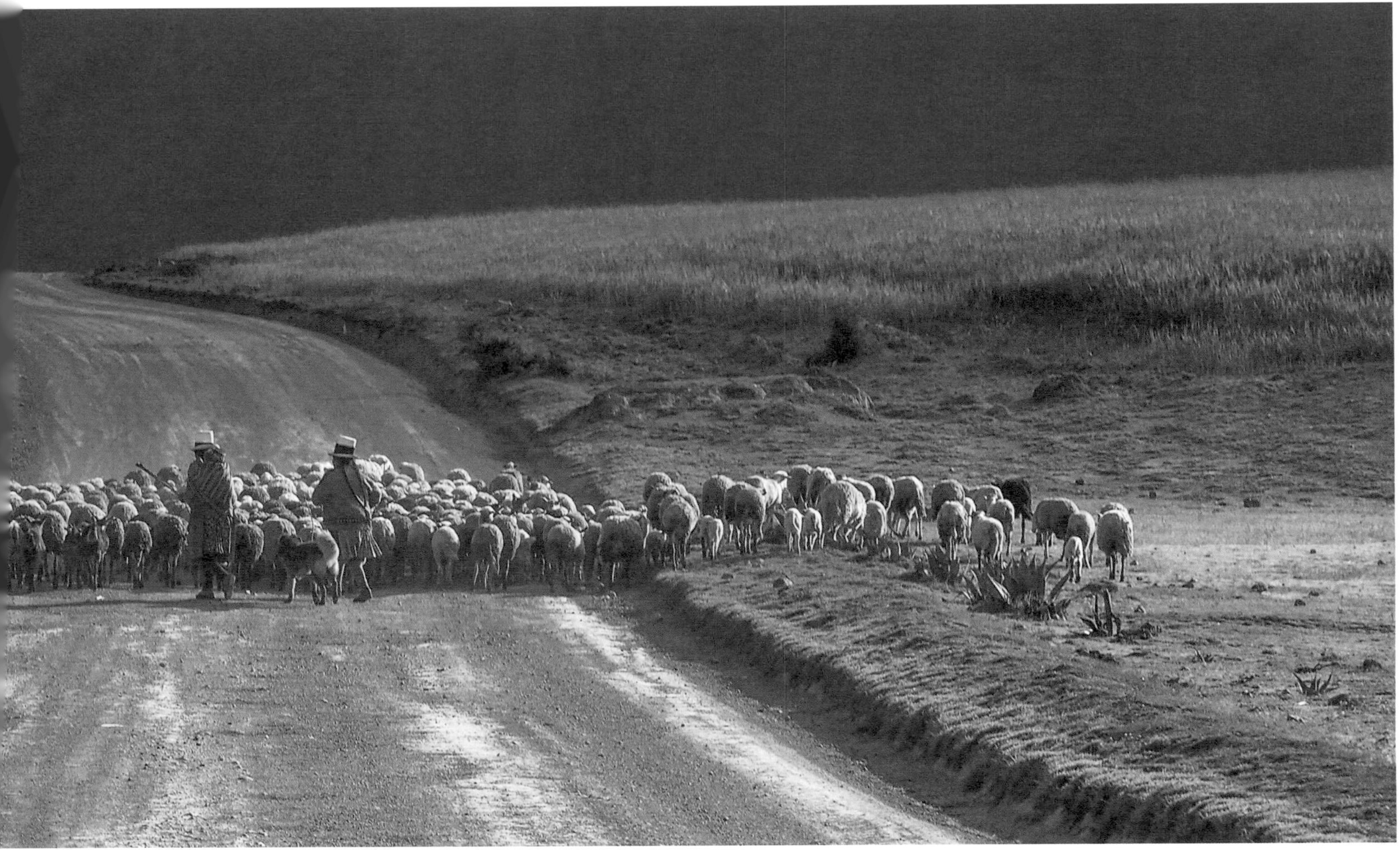

千百年流傳的身影，不會因世界的改變而消失。安地斯山脈．南美

札達爾．亞德里亞海

在不同的轉彎處，
看見不同的風景；
也會，
看見原來的自己。

說得少，
聽得多，
用心看！
自在、豐收，
路，沒有盡頭。

神聖谷地・庫斯科

的的喀喀湖・安地斯山脈

抬頭，
天空自在。

環島公路 · 冰島

祇要抬頭，
每一個黃昏，
都是無限的美好。

## 圓滿

銀河系有數億顆恆星，宇宙有數萬億個星系，可能不只一個宇宙。也許，無限的色彩裡，還有人類眼睛看不見的顏色…

去年，在台北的公寓樓頂，手持相機拍攝中秋月時，許了願印製這本手札當禮物！

當晚，打開檔案一看，居然無數星塵，就在月亮旁邊；也許，每一個彩點，都是遙遠的星系，都是無聲的祝福。

繪畫是一種加法，構圖素描彩繪！
攝影是一種減法，留真存善盡美。

有些旅行，等待光影瞬間，創造感動！
有些旅行，抓住感動瞬間，記錄光影。

# 夏 Summer

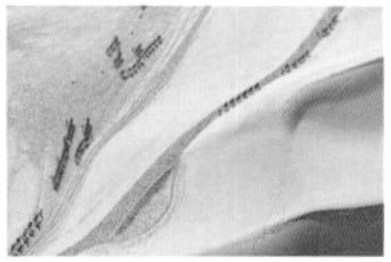